AF248276

LES
IDÉES DE JEAN-FRANÇOIS

Magny. — Imp. O. PETIT

LES IDÉES DE JEAN-FRANÇOIS

I

LA SÉPARATION
DE L'ÉGLISE ET DE L'ÉCOLE

PAR

JEAN MACÉ

—

PARIS

EMMANUEL VAUCHEZ, ÉDITEUR
175, Rue Saint-Honoré, 175

—

1872

Ce qui me plaît dans le suffrage universel, c'est qu'avec lui tout le monde a le droit d'avoir des idées. On devrait même y être forcé, si c'était possible.

Je me permets donc d'avoir aussi les miennes, dans mon village, et, pour commencer, je me demande ce que signifie au juste ce mot d'enseignement laïque dont j'entends faire tant de bruit depuis quelque temps. J'avouerai tout franc qu'il ne me satisfait qu'à demi. Il dit mal ce qu'on veut lui faire dire, et je sais des amis, grands réclameurs de l'enseignement laïque, qui feraient une belle grimace si l'on donnait M. Veuillot pour maître d'école à leurs enfants. C'est un laïque, pourtant !

Les Anglais ont trouvé un mot meilleur. Ils viennent

de fonder une Ligue de l'Éducation nationale qui a mis sur son programme : l'école non sectaire, *un sectarian.* Disons, pour traduire cela tout à fait en français : *la séparation de l'Église et de l'École.* Il est question de l'école publique, c'est bien entendu.

Avons-nous une religion d'État? Non, n'est-ce pas? Eh bien! pourquoi l'État aurait-il une religion d'école?

La question ainsi posée, me paraît si claire qu'il n'y

a presque rien à dire, ni pour ni contre. C'est une chose qui va toute seule.

— Mais, allez-vous m'objecter, l'État n'a pas une religion d'école; il en a trois : la catholique, la protestante et l'israélite.

C'est parfaitement vrai. Il en aurait même quatre, s'il avait fait autre chose que jouer au soldat en Algérie, depuis quarante ans passés qu'il en est le maître.

Il serait alors absurde quatre fois, au lieu d'une. Voilà tout!

De deux choses l'une : ou l'État sait quelle religion il faut enseigner à nos enfants, ou il ne le sait pas. S'il le sait, comment peut-il en faire enseigner trois à la fois? De trois enseignements qui se contredisent, il y en a deux au moins qui ont nécessairement tort : cela saute aux yeux. S'il ne le sait pas, de quoi se mêle-t-il en faisant enseigner, par ordre, des cho-

ses qui ne sont pas de sa
compétence?

— Mais quoi! me direz-vous,
vous voulez donc que l'école
soit athée, que nos enfants
soient élevés sans religion; et
ne savez-vous pas qu'un
peuple sans religion.,...?

N'allons pas si vite. Laissez-moi répondre à mesure.
D'abord l'école ne sera pas
athée, pour être séparée de
l'église, je devrais dire : des
églises. Elle serait même bien
embarrassée pour se faire
athée, à moins de sortir de

ses attributions, vu qu'il n'est pas question le moins du monde de théologie dans les leçons qui s'y donnent, et que toutes les religions peuvent s'en accommoder, sans courir aucun risque d'être ébranlées dans l'esprit des enfants, pas plus la catholique que la protestante, ni l'israélite que les deux autres.

Pourriez-vous me dire quel rapport il y a entre l'alphabet et l'existence de Dieu ? si l'on ne peut pas faire tracer à un écolier des ronds et des

ambages, des pleins et des
léliés, sans toucher à l'in-
faillibilité du pape? ce que la
question du célibat des prêtres viendrait faire dans la
règle des participes? par où
le Messie des juifs peut se
trouver mêlé à la théorie du
plus grand commun diviseur?

Non, l'école ne sera pas
athée, parce que la lecture et
l'écriture n'ont jamais été de
l'athéisme et ne le seront
jamais ; parce que la gram-
maire n'est pas athée; parce
que, quand on vient deman-

der à un homme de vous enseigner l'arithmétique et qu'il vous l'enseigne sans vous parler de religion, il est aussi déraisonnable de crier à l'athéisme sur son école, qu'il le serait, en sortant de chez un cordonnier qui vous a pris la mesure d'une paire de bottes sans aborder avec vous la question religieuse, d'ameuter les passants devant sa porte en criant : voilà une boutique qui est athée ?

A Dieu ne plaise que j'aille mettre sur la même ligne

l'école et la boutique ! Mais n'a-t-on pas, dans l'une comme dans l'autre, une besogne à faire dont il ne convient pas de se déranger ? C'est qu'en vérité le monde serait, à ce compte, peuplé d'athées. Si ne pas parler de la religion c'est la détruire, que va-t-on devenir dans toutes les professions qui ne sont pas théologiques et dans l'exercice desquelles l'occasion ne se présente pas d'en parler? Je ne vois plus, pour échapper à l'athéisme que les dévôts enragés, qui mettent la religion à toutes les sauces, même à celles où elle se gâte, en les gâtant.

Maintenant où prenez-vous que, par le fait du silence du maître d'école, les enfants seront élevés sans religion ? Si la chose arrivait, ce serait, permettez-moi de vous le dire, par la faute du curé, du pasteur ou du rabbin. C'est à ceux-là que l'enseignement religieux revient de droit. Dans leur bouche, il est à sa place, que dis-je ? Il est de rigueur, puisque c'est leur fonction reconnue de le donner. A quoi bon, je vous prie, une église, un temple, une synagogue, si l'on peut, grandissant à leur porte, être élevé sans religion ?

Laissez-moi vous faire une supposition. Imaginez-vous une commune où tout soit bien en règle, à mon avis du moins : le catéchisme s'enseigne à l'église, et le reste à l'école. Un beau jour, il prend fantaisie à l'instituteur, un ambitieux, d'empiéter sur le terrain de son curé. Le voilà qui s'avise de se faire professeur de religion, et qui introduit le catéchisme dans sa classe! Voyez - vous d'ici l'indignation de l'autre, ses anathêmes contre l'usurpateur, ses plaintes amères du danger que va courir la religion, enseignée aux enfants par un laïque indigne, sans mission et sans autorité. Cet abus dont on ne peut plus demander la suppression sans faire jeter les hauts cris, ferait crier bien plus haut, soyez-en certain, s'il n'existait pas et qu'on voulût maintenant l'établir.

Ainsi va le monde ; mais essayez de le faire comprendre aux gens quand ils ne veulent pas prendre la peine de raisonner ! Tout ce que vous dites et rien, c'est la même chose, et vous aurez beau donner des raisons auxquelles on ne saura que répondre, les bonnes âmes n'en démordront pas. L'école séparée de l'église, sera une école athée, et les pauvres petits enfants seront élevés sans religion. Monseigneur l'a dit; il ferait beau voir un Jean-François de village venir lui soutenir le contraire !

Passons à la grosse objection : « Un peuple sans religion ! »

Si les heures de catéchisme qu'on enlève à l'école sont la base et le soutien de la religion dans un pays, de telle sorte qu'elle soit menacée de crouler si on les retire, comment se fait-il que les Etats-Unis, dans toute l'éten-

ue, desquels il n'est pas
uestion de religion à l'école,
bient le pays du monde où
on s'en occupe le plus dans
vie de tous les jours; le seul
à les fidèles endossent tous
s frais du culte: construction
es églises, entretien des
asteurs et le reste. La foi
ui paye est la foi sincère,
ous m'accorderez bien cela.
r, je vois, sans aller loin,
lus d'un village, où la reli-
on s'apprend à l'école, dont
curé serait menacé de faire
aigre cuisine s'il était,

comme on dit, aux crochet
de son troupeau.

Et je puis bien vous dir
tout de suite pourquoi il y
plus de religion là-bas qu
chez nous. C'est que là-ba
la religion est une chose sa
crée, à laquelle ni commis
saire de police, ni même
assemblée législative ne se
permettrait de toucher, pas
plus pour la protéger que
pourlaréglementer. C'est une
affaire de conscience dans
laquelle le seul juge est la
conscience de chacun. Elle

se protége elle-même, ne
s'impose à personne, et, n'é-
tant un moyen de domination
pour personne, demeure en-
tourée du respect universel.
Qu'on la mette chez nous à
ce régime-là, je vous réponds
qu'elle ne s'en portera pas
plus mal, ni le pays non
plus.

Croyez-vous, par exemple,
que ce soit une chose bien
avantageuse, au point de vue
de la bonne harmonie entre
habitants de la même com-
mune, quand protestants et

catholiques s'y trouvent en présence, que l'enseignement à l'école d'un catéchisme qui force la commune à faire double dépense de maître et de bâtiment, et entretient, de père en fils, l'antagonisme entre les familles de religion différentes ? Cette camaraderie des bancs à l'école, si franche et si solide, que rien presque ne peut ensuite détruire, par quoi la remplace-t-on ainsi ? Quand, dès l'enfance, on a fait bande à part se regardant de travers et se traitant mutuellement de réprouvés, qu'y a-t-il d'étonnant à ce que l'on vive en guerre continuelle, pour la plus grande satisfaction des artisans de discordes ? Vous avez semé le vent et vous récoltez la tempête, comme dit le proverbe. Jolie récolte! qui profite beaucoup à la religion dont on a l'air d'invoquer l'intérêt !

J'ai dit : « on a l'air » parce que tous les raisonnements dont je viens d'essayer la réfutation ne sont au fond que des raisonnements de parade, qu'on met en avant pour couvrir la vraie raison, délicate à laisser voir. Il ne s'agit pas plus pour ceux qui réclament la séparation de l'Église et de l'École de détruire la religion, qu'il ne s'agit de la défendre pour ceux qui veulent l'École enchaînée à l'Église. C'est une question de domination pour ceux-ci, de vie ou de mort pour les premiers. Sortons des bagatelles de la porte, et entrons au cœur du débat.

II

Si vous séparez l'École de l'Eglise, vous en chassez les congrégations enseignantes, et vous enlevez les enfants aux influences qui dirigent les congrégations enseignantes.

Est-ce un bien? Est-ce un mal?

La question qui nous occupe est là tout entière.

Vous savez ce que c'est qu'un centenaire, le centième anniversaire d'un grand événement qu'on célèbre par des réjouissances publiques, s'il est heureux; par un deuil public, s'il est malheureux.

Or, écoutez bien ce que je vais vous dire.

Le 14 juillet 1889, nous aurons un centenaire à célébrer, celui de la prise de la Bastille, par où notre grande révolution a commencé.

Comment croyez-vous qu'il sera célébré? Sera-ce par des réjouissances? Sera-ce par un deuil public?

Je n'en sais rien, pour mon compte. Cela dépendra du chemin que les écoles congréganistes vont faire chez nous dans l'intervalle, soit en avant, soit à reculons. Si elles continuent à tout envahir, comme pendant les années du régime impérial, je vois d'ici les églises tendues de noir, et j'entends les *De profundis.* Si l'on parvient à les refouler, ce sera une belle fête patriotique, la fête de la délivrance du peuple français; que dis-je? son jour de naissance! Il n'y avait pas de peuple français avant ce jour là; il n'y avait que le Tiers-État — le *Tiers*, la troisième classe, celle qui n'avait pas de nom, la servante très-humble des deux classes privilégiées, la noblesse et le clergé.

Noblesse et clergé n'ont pas été consultés comme vous pouvez le penser, par ceux qui ont pris la Bastille. Cette révolution, qui balayait leurs priviléges, et que les villes et les campagnes saluaient avec enthousiasme, c'était l'abomination de la désolation dans les palais des évêques et des gros abbés, dans les châteaux des seigneurs de village. Depuis 80 ans passés qu'elle tient bon contre toutes les attaques, on n'en a pas encore pris son parti, on n'a pas encore renoncé à l'anéantir. Je renvoie ceux qui pourraient en douter à la lettre que M. Gabriel de Belcastel

—un nom qu'on croirait fait exprès, —envoyait dernièrement au pape, signée de 46 députés, la fine fleur du parti de l'ancien régime.

« *Ils*— c'est eux — *ils sont profondément convaincus que la révolution, sous des formes diverses, est la grande ennemie de l'église et de l'humanité. Ils sont résolus à la combattre, avec l'aide de Dieu, partout et toujours, de toute l'énergie de leur intelligence et de leur volonté.* »

J'ai lu, je ne sais plus dans

quel journal, que cette lettre avait été envoyée de Rome, toute rédigée, et que les députés signataires n'ont eu que leur paraphe à y mettre. Si elle ne venait pas de Rome, elle y allait, et comme elle y allait pour être agréable, on peut croire qu'elle exprime fidèlement la pensée romaine, à laquelle obéit en aveugle tout ce qui, de près ou de loin, se rattache aux congrégations religieuses.

C'est donc une guerre à mort qu'on fait à la Révolution dans ce monde-là, et comment voulez-vous qu'elle ne finisse pas par succomber s'il s'empare de l'éducation de nos enfants? M. de Belcastel et ses collègues inconnus, car les autres ont eu la modestie de la violette, ne sont encore que quarante-six dans l'Assemblée nationale. Laissez aller les bons frères et les bonnes sœurs; dans dix-huit ans d'ici vous m'en direz des nouvelles.

Et il faut bien se mettre en tête ce que c'est, « sous des

formes diverses », que cette
Révolution, la grande ennemie de l'Eglise — faisons lui
grâce de l'humanité qui ne
s'est pas encore prononcée,
à ma connaissance.

La révolution qu'il faut
combattre « partout et toujours » c'est tout simplement
la société même dans laquelle
nous vivons, ses principes et
ses institutions.

La Révolution, c'est la
souveraineté nationale, mise
à la place du droit divin des
rois; anéantissant à jamais

les prétentions papales sur la couronne de ces rois par la grâce de Dieu, en vertu de la parole: « Dieu me l'a donné ; Dieu me l'a ôté !

Qu'en pensez-vous ? Cela vous convient-il que la souveraineté nationale rende sa place au droit divin, et qu'on retourne à Reims sacrer nos monarques?

La Révolution, c'est l'égalité des citoyens devant la loi, et l'unité de la loi dans le pays, laquelle a supprimé les tribunaux ecclésiastiques, et les prisons de l'Official, comme on appelait avant 89 la justice épiscopale.

Êtes-vous d'avis qu'on rende leurs prisons à MMgrs les évêques, avec la faculté de sauver du Code pénal les prêtres qui ne seraient pas en règle avec lui, et de faire disparaître ceux qui gêneraient ?

La Révolution, ce sont les registres de l'état civil, une impiété à laquelle personne ne pense plus — je dis: personne, parmi nous autres —

et qui n'en a pas moins dépouillé les sacristies, au profit des mairies, du droit formidable de contrôle sur les grands actes de la vie: la naissance, le mariage et la mort.

Où est le maire, je vous prie, qui se sente un affreux révolutionnaire quand il met son écharpe pour faire un mariage? Il croit accomplir là quelque chose de tout simple, le malheureux ! et les mariés n'y entendent pas autrement malice, Allez demander à Rome ce qu'il faut en penser.

La Révolution, enfin, pour abréger et laisser de côté les questions de dîmes et de taxes, assez grosses assurément, mais si lourdes à soulever qu'on y a renoncé peut être, — la Révolution, c'est le droit accordé à chacun de choisir librement sa religion.

Qui songe à revenir là-dessus, me direz-vous ?

Qui ? Mais le pape en personne, dont la parole doit faire plus autorité, je crois, maintenant surtout qu'il est officiellement infaillible, que, celle des habiles du parti, quand ils attestent le ciel que rien n'est plus loin de leur pensée.

Lisez la liste des « principales erreurs de notre temps, » envoyé récemment de Rome sous le nom baroque de *Syllabus*, que je ne me charge pas de vous expliquer.

Voici l'erreur n° 15; l'erreur, faites-y bien attention, car c'est dit en termes tels qu'on pourrait s'y tromper.

et prendre cela, sans penser à mal, pour une vérité.

Il est libre à chaque homme d'embrasser et de professer la religion qu'il aura réputée vraie, conduit par la lumière de la raison.

Voilà les protestants, et tous ceux qui leur ressemblent, avertis ! Ils sont en flagrant délit de révolution, et leur cas deviendrait d'autant plus grave, le malheur des temps venant à cesser, qu'au n° 24 je trouve cette autre erreur, dont la contrepartie a bien de quoi m'inquiéter pour eux :

L'ÉGLISE N'A PAS LE DROIT D'EMPLOYER LA FORCE.

Le droit d'employer la force, l'Église l'a donc ; elle se l'est d'ailleurs toujours accordé, on le sait assez. Il ne lui manque plus à cette heure que la force qu'elle a perdue.

Convient-il de la lui rendre?

Je le répète, toute la question de la séparation de l'Église et de l'École est là.

« Celui qui est maître de

l'éducation, a dit Leibnitz, peut changer la face du monde »

S'il vous est indifférent que Rome change à sa guise la face du monde, en ce qui nous concerne, laissez ses milices occuper nos écoles.

Si vous tenez à garder les conquêtes faites sur elle, veillez à ce qu'elle ne devienne pas maîtresse de l'éducation chez nous.

A quoi bon, après cela, faire intervenir dans le débat ce qui pourrait être personnellement désagréable aux frères et aux sœurs ? A quoi bon rappeler ces déplorables histoires de cours d'assises, assez connues déjà ? A quoi bon relever cette nullité d'enseignement dans certaines écoles de filles, dont on a pu dire qu'elles servaient uniquement à empêcher l'établissement de véritables écoles ? Tout cela peut être contesté plus ou moins, mis sur le compte de l'exception, traité d'arguments méchants, sentant l'hostilité.

« L'adhésion absolue à l'au-
« torité doctrinale des ency-
« cliques, sur les rapports
« essentiels de la société re-
« ligieuse avec la société ci-
« vile, » c'est le document
Belcastel qui parle, — cette
adhésion est incontestable
pour tous les membres sans
exception des congrégations
enseignantes, tant qu'ils ne
prennent pas leur volée,
comme cet infortuné père
Hyacinthe qui ne sait plus
maintenant où planter sa
tente.

L'obligation sans réserve de servir les doctrines romaines, et de combattre « partout et toujours » ce qu'elles condamnent, cette obligation n'est pas moins incontestable. Il n'y a rien d'offensant pour le congréganiste à dire que sa patrie est à Rome : c'est la loi même de son institution. Ce n'est donc pas un argument hostile, ni méchant. Je ne veux pas en faire valoir d'autre.

Je ne saurais pourtant oublier qu'il y a aussi une patrie

française, et qu'elle a besoin, celle-là, maintenant plus que jamais, d'enfants qui soient à elle, bien à elle, élevés pour elle, par conséquent dans le respect et l'amour de ses institutions fondamentales, et que c'est bien, comme je le disais, une question de vie ou de mort pour la société même dans laquelle nous vivons.

M. Thiers se souvient-il encore d'une boutade malheureuse, à laquelle il s'est laissé aller en 1850, emporté par son élan réactionnaire de ce moment là?

« Si on veut que ce pays-ci se tire d'affaire, il faut que l'école se fasse dans la sacristie. »

Je voudrais savoir ce qu'il en pense, maintenant que le voilà, bon gré mal gré, le représentant attitré de la Grande Ennemie, n'étant pas de droit divin, et ayant laissé la République française s'imposer à son intelligence, comme dernière chance de salut pour la patrie.

III

L'on va voter l'instruction obligatoire, je l'espère bien du moins.

La conséquence naturelle de ce vote devrait être la neutralisation de l'école publique au point de vue religieux, et l'enfance rendue, à ses chefs spirituels, légitimes, c'est-à-dire aux ministres du culte professé par les parents.

Il n'en sera rien, j'en ai peur ; le projet de loi qui va être discuté parle bien d'une procédure à suivre, pour remplacer, dans certaines circonstances qui se présenteront de loin en loin, l'instituteur congréganiste maître de la place, par un instituteur laïque ; mais ce laïque demeure soumis à l'obligation de l'histoire sainte et du catéchisme qu'enseignait son prédécesseur, et le curé est

iuvesti du droit d'aller voir
s'il y manque.

Ce sera pour une autre fois,
je me figure qu'il faut en
prendre son parti.

N'allez pas croire au moins
que je mette mon espoir dans
une loi votée par d'autres
législateurs, tombant d'en
haut sur la difficulté pour la
trancher d'un coup.

Ce serait plus commode, je
le sais bien ; mais ce n'est
pas ainsi qu'on vient à bout
des habitudes enracinées de
longue date dans un pays.

Pour ne citer qu'un des nombreux inconvénients de ce procédé expéditif, mettre subitement à la réforme l'institutrice congréganiste en lui interdisant les exercices religieux qui font trop souvent le fonds de son enseignement, ce serait, neuf fois sur dix, fermer son école purement et simplement; par la raison sans réplique qu'on ne trouverait personne pour la remplacer; l'institutrice laïque de campagne étant un produit rare, d'une offre presque nulle par ce que la demande a fait défaut jusqu'à présent.

Ce qu'on peut réclamer de la loi, mais il faut l'exiger, par exemple, — la justice le veut, et le salut du pays en dépend, — c'est le droit laissé à chaque commune de décider elle-même si son école publique aura, ou non, ce caractère *un sectarian*, (non sectaire) que réclame la Ligue anglaise.

Spécifier aux conseils municipaux, comme le fait el projet de loi dont il vient d'être question, dans quel cas ils pourront user de ce droit, me paraît, entre nous, outrecuidant. C'est un droit qui doit être permanent, et quant aux formalités à remplir pour que leur décision devienne exécutoire, aux enquêtes d'inspecteurs d'Académie. aux jugements rendus par les conseils départementaux, aux appels en cassation par devant un conseil supérieur d'instruction publique qui doit avoir bien d'autres chatsà fouetter, à tous ce fatras de procédures sous lequel le droit de la commune se transforme en cause à gagner, je devrais dire à perdre, la plupart du temps, je ne vois qu'une enquête qui puisse être sérieuse un jugement à solliciter duquel il ne saurait être permis d'en appeler. Qui peut savoir mieux que les pères de famille de la commune ce qui leur convient, qui peut être meilleur juge qu'eux du mode d'instruction religieuse à donner à leurs enfants ? Qu'on les appelle à voter sur la question, comme on a fait, il y a trois ans, dans toutes les communes du pays, de Bade, où un scrutin public a été ouvert pour décider en famille, si l'école du lieu perdrait, oui ou non, tout caractère confessionnel. Je retrouve dans une lettre du 31 janvier 1869, le résultat du vote à Mannheim ; il est bon à mettre sous les yeux du public français :

	OUI	NON
Catholiques	765	202
Protestants	1,015	6
Juifs	322	«
	2,102	208

Aucun Inspecteur d'Académie n'a été chargé de faire une enquête à la suite de ce vote là, et depuis, tout se passe à Mannheim comme devant. On ne s'y croit pas plus athée qu'ailleurs.

Assurément la séparation de l'Église et de l'École ne sera pas faite en France quand chaque commune aura le droit de la voter.

Il restera à ses partisans à la faire voter dans les communes; et Dieu sait quelles résistances ils doivent s'attendre à rencontrer. Mais ces résistances, il faut bien se le dire, feront indubitablement échec à toutes les lois, à tous les décrets envoyés de n'importe où aux maires, tant que l'action patiente et résolue des citoyens ne les aura pas vaincues sur place. Qui tient l'âme des parents, aura toujours le corps des enfants, et les bancs de l'école libre congréganiste se garniront aux dépens de l'École publique non sectaire partout où la volonté des pères de famille ne sera pas avec celle-ci.

C'est donc là, qu'il faut porter l'effort ; et la vraie protestation à organiser contre ce qui peut nous gêner dans la loi, c'est la protestation de l'école libre contre l'école publique partout où l'on aura pour soi la volonté des pères de famille, devant soi le fait congréganiste, maintenu quand même par des volontés de conseils départementaux et d'inspecteurs d'Académie. Si les mesures législatives sont impuissantes à faire entrer dans les faits un progrès qui n'est pas dans les esprits, elles ne le sont pas moins à chasser des faits un progrès qui est entré dans les esprits.

UNE AUTRE FACE DE LA QUESTION.

Pourriez-vous me donner des renseignements sur les cours de théologie qui se font dans les écoles normales primaires ?

Vous ouvrez de grands yeux. Ayez donc alors l'obligeance de me dire pourquoi l'on force les instituteurs primaires de donner aux enfants l'enseignement religieux dont il n'est pas fait mention sur leur brevet.

Je sais bien ce que vous allez répondre :

— Que parlez-vous d'enseignement religieux ? Mais les instituteurs n'en donnent aucun. Le curé aurait bientôt remis à sa place celui qui s'aviserait de faire à ses élèves ce cours de théologie dont vous constatez l'absence dans les écoles normales. Ils se contentent de leur faire réciter le catéchisme, et les commentaires leur sont tenir- dits.

A merveille ! C'est donc là

cotte préparation religieuse de l'école sans laquelle les générations nouvelles tomberont dans l'athéïsme ?

Quoi ! si les enfants s'en vont réciter leur catéchisme à la sacristie, au lieu de le réciter en classe, les voilà menacés de devenir athées ! Il paraît que la sacristie est un endroit où l'on devient athée : je ne m'en étais pas encore douté. Eh bien ! puisque les bancs de l'école ont une vertu supérieure, et que la religion ne peut pas s'en-

BIBLIOTHÈQUE A TROIS SOUS

LES IDÉES DE JEAN-FRANÇOIS

—

II

LA DEMI-INSTRUCTION

PAR

JEAN MACÉ

———

PARIS

EMMANUEL VAUCHEZ, ÉDITEUR

175, RUE SAINT-HONORÉ, 175

—

5   1872